DESAFÍO

el  revelado

45 días para descubrir el genuino amor de Dios

KERRY CLARENSAU

www.InfluenceResources.com

© 2011 Kerry Clarensau
DERECHOS RESERVADOS

Publicado por Influence Resources
1445 N. Boonville Ave., Springfield, Missouri 65802

Publicado en asociación con The Quadrivium Group—Orlando, FL
info@TheQuadriviumGroup.com
y New Vantage Partners—Franklin, TN
info@NewVantagePartners.net

Derechos reservados. Prohibida la reproducción total o parcial de esta obra, el almacenaje en un sistema electrónico o la transmisión en cualquier forma, ya sea electrónica, mecánica, fotocopia, grabación o por cualquier otro medio sin la debida autorización del dueño de los derechos del autor, excepto por citas breves que se usen en relación con reseñas en revistas o periódicos.

Diseño de cubierta por Archetype Brands—Springfield, MO
Diseño de cubierta por Wellspring Design y Jay Victor—Nashville, TN
Traducción: Elizabeth Morris

Las citas bíblicas se tomaron de la Santa Biblia, Nueva Versión Internacional® NVI®
Propiedad literaria © 1999 por Biblica, Inc.™ Usado con permiso.
Reservados todos los derechos mundialmente

Las citas bíblicas marcadas NTV se tomaron de la Biblia Vida Abundante, Nueva Traducción Viviente, © 2008, 2009, 2010 por Tyndale House Foundation. Usado con permiso de Tyndale House Publishers, Inc., Carol Stream, Illinois 60188.
Derechos reservados

Las citas bíblicas marcadas RV-60 se tomaron de la versión Reina-Valera © 1960 Sociedades Bíblicas en América Latina; © renovado 1988 Sociedades Bíblicas Unidas. Utilizado con permiso.

Las citas bíblicas marcadas BLA se tomaron de la Biblia Bilingüe, Traducción en lenguage actual™ © Sociedades Bíblicas Unidas, 2002, 2004. Derechos reservados.

ISBN: 978-1-936699-41-4

Primera impresión 2011

Impreso en Estadus Unidos de América

dedicatoria

Este libro está dedicado a todas las mujeres que me revelaron el amor de Dios.

reconocimientos

Gracias a todos aquellos que trabajaron con diligencia para que este proyecto *El Amor Revelado* fuera un éxito. A las autoras de *El Amor Revelado*: Jodi Detrick, Joanna Weaver, Janelle Hail y JoAnn Butrin, ha sido un privilegio trabajar con ustedes.

Al equipo Influence Resources, el buen ánimo y la continua responsabilidad en este proyecto excedió mis expectativas. ¡Gracias por hacer que la producción de este libro fuera un gozo!

¡Y a Angela Moody, por diseñar las ilustraciones que yo tenía en mi corazón!

introducción

Bienvenidos a *Desafío el amor revelado*, que acompaña el estudio bíblico *El Amor Revelado*.

Las ideas que se ofrecen en este desafío tienen como fin ayudarla a aplicar los principios de *El Amor Revelado*. Cada día ofrece: Puntos de las Escrituras, Puntos para meditar, y Puntos de desafío.

Usted puede decidir cómo usará este desafío:

- ♥ De manera individual: meditaciones para 45 días,
- ♥ Con otra persona: use Puntos para meditar como una guía para los comentarios, o
- ♥ En un grupo pequeño durante reuniones semanales en que se estudie el material.

Pedimos en oración que durante estos 45 días de desafío el Espíritu Santo revele el amor de Dios por usted en maneras transformadoras. Y que su amor fluya de su corazón a quienes la rodeen.

día 1
amor inagotable

Puntos de las Escrituras
«Tu amor inagotable, oh Señor, es tan inmenso como los cielos; tu fidelidad sobrepasa las nubes. Tu rectitud es como las poderosas montañas, tu justicia, como la profundidad de los océanos. Tú cuidas de la gente y de los animales por igual, oh Señor. ¡Qué precioso es tu amor inagotable, oh Dios! Todos los seres humanos encuentran refugio a la sombra de tus alas» (Salmo 36:5–7, NTV).

Puntos para meditar
David, el autor de estos salmos, tuvo una cercana relación con Dios y fue conocido como el hombre según el corazón de Dios. Él escribió muchos salmos y describió la grandeza del amor de Dios por nosotros. Vuelva a leer este salmo y medite cómo se describe el amor de Dios en cada línea.

♥ ¿Qué significa para usted que el amor de Dios es inagotable?

Puntos de desafío

Hoy, salga de su casa y disfrute unos minutos en contacto con la naturaleza en uno de sus lugares favoritos. Considere cómo se revela el amor de Dios a su alrededor. Luego, exprese su amor al Señor como sólo usted puede hacer:

- ♥ Escriba su propio salmo en que describa el inagotable amor de Dios;
- ♥ Pinte o dibuje algo de la naturaleza que hable de la fidelidad de Dios;
- ♥ Cante una alabanza que describa la gratitud que siente por la bondad de Dios;
- ♥ Sencillamente exprese su alabanza en alta voz.

Deje que ese amor inagotable inunde cada pensamiento y preocupación.

_____

_____

_____

_____

_____

día 2
amor sacrificado

Puntos de las Escrituras
«En esto conocemos lo que es el amor: en que Jesucristo entregó su vida por nosotros. Así también nosotros debemos entregar la vida por nuestros hermanos» (1 Juan 3:16).

Puntos para meditar
Muchas veces amamos conforme a nuestras condiciones, amamos a quienes nos aman. Pero el amor de Cristo por nosotros no depende de nuestra conducta o de nuestros méritos. Él nos amó y dio su vida por nosotros aunque sabía que algunos lo aceptarían y otros lo rechazarían. Es difícil explicar esa clase de amor. En el capítulo uno, Kerry afirma que el amor de Dios es mayor que el amor de una madre por su hijo. La mayoría de las madres están dispuestas a sacrificar lo que sea necesario por el bienestar de sus hijos. Nuestro llamado es a que nos amemos unos a otros de esa manera sacrificada.

- ♥ Piense en la naturaleza sacrificada del amor de una madre por su hijo y compárela al amor de Dios por nosotros.
- ♥ ¿Qué nos impide amar a otros de esa manera?

Puntos de desafío

Sacrifique hoy algo de su tiempo y energía para animar a alguien, mostrar amor imitando el ejemplo de Cristo. Aquí encontrará algunas ideas para estimular su creatividad:

- ♥ Cuide el bebé de una madre soltera o regale una noche libre a un matrimonio;
- ♥ Limpie la casa de alguien que ha tenido días de mucho ajetreo;
- ♥ Ayude a un vecino o vecina a limpiar el patio;
- ♥ Prepare una cena para alguien que conoce u ofrézcase para hacer las compras;
- ♥ Pase algún tiempo con alguien que no puede salir de casa.

_____

_____

_____

día 3
amor pródigo

Puntos de las Escrituras
«¡Fíjense qué gran amor nos ha dado el Padre, que se nos llame hijos de Dios! ¡Y lo somos!» (I Juan 3:1).

Puntos para meditar
Aunque no hay padres terrenales perfectos, éstos muestran el amor por sus hijos al proveerles el mejor techo y todas las atenciones posibles. Como seguidores de Cristo, somos hijos de Dios, tenemos un Padre celestial que es perfecto. Él es todo poder, todo conocimiento, siempre está con nosotros, es fiel, digno de nuestra confianza, lleno de misericordia, y capaz de amarnos con perfección. Primera de Juan 3:1 nos dice que este Dios perfecto *prodiga* amor a sus hijos. Su amor es evidente en todo lo que nos rodea, en la fidelidad de cada amanecer y de las estaciones del año, en el equilibrio de la naturaleza, en la provisión para

cada día, en el amor a otros, a través de su Palabra, y en nuestras circunstancias.

♥ Dedique un momento para meditar en el carácter de Dios.
♥ Considere el carácter de nuestro Padre celestial, ¿cuáles son los beneficios de ser hija suya?

Puntos de desafío

Aprenda de memoria I Juan 3:1 y, durante el día medite en este versículo. Dios es amor y constantemente revela su amor a sus hijos, en la naturaleza, a través de las personas, en las circunstancias, y en su Palabra. Pida hoy a Dios que la ayude a reconocer su amor. En el espacio a continuación escriba algunas de las maneras en que Él le revela su amor.

_____

_____

_____

_____

_____

día 4
amor en acción

Puntos de las Escrituras
«Si alguien que posee bienes materiales ve que su hermano está pasando necesidad, y no tiene compasión de él, ¿cómo se puede decir que el amor de Dios habita en él? Queridos hijos, no amemos de palabra ni de labios para afuera, sino con hechos y de verdad» (1 Juan 3:17,18).

Puntos para meditar
Dios puede obrar y satisfacer las necesidades de las personas conforme a su voluntad. Pero muchas veces Él quiere valerse de nosotros, sus seguidores, para satisfacer las necesidades de quienes nos rodean. Este versículo nos ayuda a entender que el amor es una *acción*, no simples palabras o un buen sentimiento.

Dios bendice nuestra vida para que seamos de bendición a otros. Si creemos que nuestras posesiones son sencillamente el producto de nuestra iniciativa, podemos caer en tacañería. Pero si

desafío el amor revelado

recordamos que todo cuanto tenemos es don de Dios, será más fácil compartir con otros. Simplemente compartimos bondadosamente lo que hemos recibido de Él.

- ♥ Recuerde algún momento en que Dios le proveyó a través de la bondad de una amiga o de algún miembro de la familia. ¿Cómo se sintió usted?
- ♥ ¿Qué tiene usted que puede compartir?

Puntos de desafío

Considere cómo puede usar sus recursos para ayudar a quien tiene problemas financieros. Aquí encontrará algunas ideas para estimular su creatividad:

- ♥ Prepare alimentos;
- ♥ Compre víveres, artículos de tocador o para la limpieza del hogar;
- ♥ Compre una tarjeta de regalo para gasolina;
- ♥ Regale alguna ropa suya o artículos para el hogar;
- ♥ Extienda una invitación a una tarde de compras.

día 5
amor continuo

Puntos de las Escrituras

«Queridos hermanos, amémonos los unos a los otros, porque el amor viene de Dios, y todo el que ama ha nacido de él y lo conoce. El que no ama no conoce a Dios, porque Dios es amor. Así manifestó Dios su amor entre nosotros: en que envió a su Hijo unigénito al mundo para que vivamos por medio de él. En esto consiste el amor: no en que nosotros hayamos amado a Dios, sino en que él nos amó y envió a su Hijo para que fuera ofrecido como sacrificio por el perdón de nuestros pecados» (1 Juan 4:7–10).

Puntos para meditar

Si pasamos por alto las maravillas del amor de Dios para con nosotros y damos por hecho el don de su perdón, podríamos caer en la apatía que nos impediría mostrar ese amor a otras personas. Este versículo dice claramente que si no amamos a otros, mostramos que realmente no conocemos a Dios ni le amamos. Debemos examinarnos a nosotros mismos y preguntarnos con sinceridad: *¿Realmente amo a mi prójimo? ¿Podrían decir las personas que conozco: «Ella realmente me ama»?*

Podemos vivir continuamente en la plenitud del amor de Dios si reconocemos su bondad y su perdón en nosotras. Con ese tipo de humildad, dejaremos que su amor fluya de nuestra vida a quienes nos rodean.

- ♥ ¿Cuáles son algunas maneras en que usted puede vivir continuamente aceptando el amor y el perdón de Dios?
- ♥ ¿Qué puede hacer usted para que el amor a otros sea una prioridad en su vida?

Puntos de desafío

Haga una lista de las personas con las cuales usted se relaciona a diario: familia, compañeros de trabajo y amistades. Dedique unos minutos a preguntarse con sinceridad si cada uno de ellos podría decir que usted le ama. Renueve su compromiso de vivir en el amor de Dios y deje que éste fluya de su vida a la vida de otras personas.

día 6
amor que alienta

Puntos de las Escrituras
«Así que aliéntense y edifíquense unos a otros» (1 Tesalonicenses 5:11, NTV).

Puntos para meditar
Queremos rodearnos de personas que nos estimulen, nos den energía, y nos motiven a crecer y a servir. Este versículo nos desafía a buscar con toda intención maneras de edificar a otras personas. Nuestro amor por los demás se revela cuando realmente queremos lo mejor para ellos y hacemos todo lo posible por ayudarlos a experimentar la bondad de Dios.

El aliento se puede expresar de muchas maneras: la vida de fe, las palabras, la ayuda que ofrecemos y hasta nuestra presencia.

♥ Piense en algún momento en que el aliento que recibió de alguien produjo cambios en

su vida. ¿Cómo puede usted describir esos cambios?
♥ Enumere diversas maneras en que otros la alientan.

Puntos de desafío

¡Aliente hoy a alguien! Pida al Señor que la guíe a alguien que necesite aliento y confíe que Él le mostrará qué puede hacer por esa persona. Durante el día, vigile sus palabras y su tono de voz, asegúrese de que lo que diga edifique a otros. Al final del día usted misma califique su esfuerzo con una escala de 1 a 10— 1 para poco alentador y 10 para muy alentador.

día 7
ame a otros

Puntos de las Escrituras

«Nosotros amamos a Dios porque él nos amó primero. Si alguien afirma: «Yo amo a Dios», pero odia a su hermano, es un mentiroso; pues el que no ama a su hermano, a quien ha visto, no puede amar a Dios, a quien no ha visto. Y él nos ha dado este mandamiento: el que ama a Dios, ame también a su hermano» (1 Juan 4:19–21, NVI).

Puntos para meditar

Muchas personas dicen amar a Dios, sin embargo, tienen una visible animosidad para con las personas en su vida. Este pasaje es claro, no podemos amar a Dios y odiar a nuestro prójimo.

En Mateo 25:34–40, Jesús explica cómo nuestro amor por otros es un reflejo directo de nuestro amor o falta de amor a Dios. Él nos dice que cuando alimentamos a quien tiene hambre, damos agua a quien tiene sed, hospedamos al extranjero, o visitamos a un prisionero, es algo que hacemos por Él. Nuestro amor por Él es evidente en nuestro amor y cuidado por las personas.

- ♥ Considere la idea de que cuando amamos y servimos a otros, realmente amamos y servimos a Cristo. ¿De qué manera esta idea influye en su trato a los demás?
- ♥ ¿Cómo puede usted mantener el enfoque en esta verdad al interactuar con otros?

Puntos de desafío

Lea Mateo 25:31–46. Después, pregúntese con toda sinceridad qué dice su trato a los demás acerca de su relación con Dios. Si tiene algún rencor en su corazón confiéselo al Señor y pídale que la ayude a amar como Él nos ama.

_____

_____

_____

_____

_____

día 8
amor que invita

Puntos de las Escrituras
«Estén siempre dispuestos a brindar hospitalidad»
(Romanos 12:13b, NTV).

Puntos para meditar
Algunas personas tienen un extraordinario don de hospitalidad. Sin mayor dificultad pueden ofrecer un acogedor ambiente, preparar una deliciosa comida, e iniciar una conversación con toda facilidad. Pero no tenemos que ser la mejor maestra de cocina para que alguien se sienta acogido en nuestro hogar. El simple acto de juntarnos con una amiga a conversar y a beber una taza de café puede ser una eficaz manera de revelar nuestro amor por ella.

Cuando invitamos a una persona a nuestro hogar, mostramos nuestro deseo de servirle al compartir lo que tenemos.

- Describa el sentimiento de ir al hogar de alguien que ha preparado una cena especial y se ha ocupado de todos los detalles para recibirle.
- ¿Por qué cree usted que la Palabra de Dios nos anima a practicar la hospitalidad?

Puntos de desafío

Esta semana invite a alguien a venir a su casa para un postre o una sencilla cena. Desde el momento en que haga la invitación, procure que esa persona se sienta bienvenida y honrada en su hogar. Planee los detalles pensando en ellos. Considere su horario, sus gustos y sus intereses. Cuando estén juntos, enfóquese más en ellos que en usted misma. Si no le es posible llevarlos a su casa, invítelos a un picnic en el parque, o a tomar un café en algún lugar público del vecindario. Aunque no sea en su casa, trátelos como sus huéspedes de honor.

_____

_____

_____

_____

día 9
en el amor no hay temor

Puntos de las Escrituras

«Sino que el amor perfecto echa fuera el temor. El que teme espera el castigo, así que no ha sido perfeccionado en el amor» (1 Juan 4:18).

Puntos para meditar

El temor es una importante emoción que nos avisa cuándo es prudente que nos alejemos de ciertas situaciones. Pero hay una gran diferencia entre el temor saludable y dejar que éste domine nuestra vida. Nuestra respuesta al temor es importante, podemos correr a los brazos de nuestro Padre celestial y dejar que su amor disipe nuestra ansiedad. Piense en un niño que cruza una calle de mucho tráfico, va de la mano de su padre, fuerte y amoroso. En su sencilla confianza, él no teme el peligro del tráfico. Él cree que su padre no permitirá que sufra daño alguno. Cuando realmente conocemos el carácter pleno de Dios y su inagotable amor por nosotros, entonces podemos andar en esta vida y hasta encarar la muerte con una confianza similar a la que el pequeño deposita en su padre.

♥ ¿De qué manera el conocimiento del carácter de Dios y de su inagotable amor por nosotros nos ayuda a vivir sin temor?

Puntos de desafío

Lea 1 Juan 4:18 en la Nueva Versión Internacional. Luego escriba: «El amor perfecto echa fuera el temor» en alguna parte donde usted lo vea durante todo el día (podría ser como una imagen de fondo en su computadora). Pregúntese con sinceridad si usted está dejando que la ansiedad consuma su corazón. Confiese cada preocupación a su amoroso Padre celestial. Pídale que le revele su amor de manera que la ayude a vivir sin temor.

_____

_____

_____

_____

día 10
revele amor a sus líderes

Puntos de las Escrituras

«Amados hermanos, honren a sus líderes en la obra del Señor. Ellos trabajan arduamente entre ustedes y les dan orientación espiritual. Ténganles mucho respeto y de todo corazón demuéstrenles amor por la obra que realizan. Y vivan en paz unos con otros» (1 Tesalonicenses 5:12,13, NTV).

Puntos para meditar

Las Escrituras nos aconsejan que debemos honrar a nuestros líderes. Nuestra «vida cambiada» es el mejor regalo que les podemos dar, pero debemos dedicar tiempo para con toda intención mostrarles nuestro amor y aprecio. Cuando seguimos estas instrucciones y honramos a quienes nos guían, también estamos amando a Dios con nuestra obediencia.

- ♥ ¿Quiénes son las personas que la han impactado en su vida espiritual? ¿Su pastor? ¿El líder del grupo pequeño? ¿Sus padres? ¿Sus amigos? ¿Algún mentor? ¿Saben ellos cuánto usted los aprecia?
- ♥ ¿Cómo se siente usted cuando alguien le expresa su aprecio?
- ♥ ¿De qué manera el respeto muestra amor?

Puntos de desafío

No espere una ocasión especial. Hoy mismo dedique un tiempo a expresar su amor por lo menos a una persona que le haya dado su guía espiritual. He aquí algunas ideas:

- ♥ Envíele una nota electrónica o una tarjeta expresando su aprecio por algo específico que le haya enseñado;
- ♥ Cómprele un regalo significativo;
- ♥ Si esta es una temporada muy ocupada para ella, haga algo para suplir una necesidad práctica: prepárele una comida, cuídele el hijo/a, ayúdele en los quehaceres del hogar;
- ♥ Pregúntele cómo la puede ayudar esta semana.

día 11
viva en el amor de Dios

Puntos de las Escrituras
«Ustedes, en cambio, queridos hermanos, manténganse en el amor de Dios, edificándose sobre la base de su santísima fe y orando en el Espíritu Santo, mientras esperan que nuestro Señor Jesucristo, en su misericordia, les conceda vida eterna» (Judas 20,21).

Puntos para meditar
Dios nos ama de manera plena e incondicional, pero tenemos la responsabilidad de recibir y vivir en su amor. El capítulo 6 de *El Amor Revelado* nos invita a «practicar la presencia de Dios», a vivir con una conciencia de la presencia de Dios. Aunque sabemos que Él siempre está con nosotros, tendemos a descuidar la relación que Él nos ofrece. Lo mismo sucede con el amor de Dios. Podemos saber intelectualmente de su afecto por nosotros,

pero es posible que no mantengamos nuestro corazón «en el centro del amor de Dios».

- ♥ Considere qué significa para usted esperar «que nuestro Señor Jesucristo, en su misericordia, les conceda vida eterna».

Puntos de desafío

Durante el día medite en las diversas maneras en que Dios le muestra su amor. Tal vez...

- ♥ Él le recuerde de su amor en las Escrituras;
- ♥ Él le muestre su bondad a través de una amiga o miembro de la familia;
- ♥ La provisión para sus necesidades diarias le hace pensar en su amor;
- ♥ Le ha revelado su fidelidad en un amanecer o en la naturaleza misma;
- ♥ Le hace sentir su presencia mediante la paz interior.

Antes de terminar el día escriba una nota de agradecimiento a Dios por las maneras en que hoy Él le reveló su amor.

día 12
el amore celebra

Puntos de las Escrituras
«Alégrense con los que están alegres» (Romanos 12:15a, NTV).

Puntos para meditar
La vida tiene momentos de gozo y momentos de tristeza. Eclesiastés 3:4 nos dice que hay «un tiempo para llorar, y un tiempo para reír; —un tiempo para estar de luto, y un tiempo para saltar de gusto». Es importante aceptar cada día con lo que nos ofrezca. Debemos celebrar las cosas buenas de la vida. Nuestra celebración hasta puede ser una manera de alabar a Dios por los dones que Él nos dispensa. Sin reconocer y disfrutar los momentos felices, la vida puede desequilibrarse con trabajos y responsabilidades.

♥   ¿Qué puede suceder si nunca dedicamos un tiempo a celebrar las cosas buenas de la vida?

Puntos de desafío

¿Está usted dedicando un tiempo a celebrar los momentos felices de la vida? En los próximos meses, hágase el nuevo propósito de celebrar con aquellos que ama. Comience hoy enviando una tarjeta a alguien que tiene algo que celebrar: graduación, jubilación, nacimiento, matrimonio, aniversario, nuevo empleo, buen éxito laboral, casa nueva, etc. Si se trata de alguien en su familia cercana o en su círculo de amistad, podría organizar una sencilla fiesta; dedique tiempo para celebrar con sus seres queridos.

día 13
su tierno cuidado

Puntos de las Escrituras
«Pongan todas sus preocupaciones y ansiedades en las manos de Dios, porque él cuida de ustedes» (1 Pedro 5:7, NTV).

Puntos para meditar
Dios cuida de todo lo que atañe su vida, y Él sabe acerca de usted cosas que nadie más conoce, como la cantidad de cabellos en su cabeza. Él no prometió una vida sin problemas, pero sí nos aseguró que nunca nos dejaría solos con nuestras cargas. Él quiere ayudarnos en todas y cada una de las situaciones que encaramos. Él quiere darnos su fuerza en las pruebas que enfrentamos. Él quiere consolarnos en nuestra tristeza. Quiere darnos sabiduría en las difíciles situaciones familiares. Él quiere darnos comprensión en los desafíos laborales. Él realmente se interesa en cada detalle de nuestra vida.

desafío el amor revelado

- ♥ ¿Cómo ha revelado Dios su tierno cuidado en lo que ya ha vivido?
- ♥ ¿De qué manera estas experiencias la animan hoy a entregar sus afanes al Señor?

Puntos de desafío

En una tarjeta escriba algo que la preocupa y preséntela al Señor en oración. Medite en el tierno cuiado que ha recibido de Dios y deje que su paz inunde su corazón y sus pesamientos de una manera fresca y renovada. Al dorso de la tarjeta, escriba el pasaje de hoy que le recuerda de su amor.

_____
_____
_____
_____
_____
_____
_____

día 14
el amor llora

Puntos de las Escrituras
«Lloren con los que lloran» (Romanos 12:15b, NTV).

Puntos para meditar
La vida está marcada de tiempos de «llanto» por causa de las pérdidas. Cuando pensamos en las pérdidas, es posible que de inmediato pensemos en la muerte de un ser querido. La muerte es una de las penas más grandes. Pero en la vida también experimentamos otro tipo de pérdidas: un trabajo, una relación, un hogar, un matrimonio, o una ilusión. Los tiempos de transición en la vida, como la independencia de los hijos, también puede sentirse como una pérdida. Y conforme envejecemos, vivimos etapas que debemos aceptar como algo normal: la pérdida de la fuerza física y de la independencia. Todos estos son períodos de «llanto». Expresamos nuestro amor a nuestra familia y nuestras amistades cuando lloramos con ellos.

♥ ¿Cómo podemos aliviar el peso del sufrimiento de una amiga al llorar con ella?

Puntos de desafío

Si usted tiene una amiga o un ser querido que está lamentando una pérdida, pida al Señor que la ayude a mostrar que «llora con ellos». Quizá usted podría:

♥ Enviar una tarjeta o una nota electrónica en que exprese su afecto.
♥ Preparar alimentos para la familia o llevar provisiones para el hogar.
♥ Ayudar con la limpieza de la casa.
♥ Realizar sencillos actos de bondad.
♥ Pasar tiempo con ella.

día 15
comunicar amor

Puntos de las Escrituras
«Que la palabra de mi boca y la meditación de mi corazón sean de tu agrado, oh SEÑOR, mi roca y mi redentor» (Salmo 19:14, NTV).

Puntos para meditar
Considere todas las formas de comunicación; las palabras son sólo una porción de lo que «decimos». Nuestra actitud, el lenguaje corporal, el tono, el volumen, y las expresiones del rostro realmente comunican más que nuestras palabras. Los pensamientos y los sentimientos que alojamos en nuestro corazón se revelan en cada palabra que decimos y en la manera en que las decimos. Si estamos irritados o estamos juzgando, se nota en una actitud orgullosa, un lenguaje corporal de rigidez y el tono áspero. Pero lo opuesto también es cierto, si nuestro pensamiento y nuestro corazón están llenos del amor de Dios, su gracia será evidente

en las palabras que digamos y la manera en que las comuniquemos.

- ♥ Piense en cómo usted se comunica cuando está impaciente y absorto en sus propios asuntos.
- ♥ ¿De qué manera usted puede revelar el amor de Dios con el lenguaje corporal, el tono, el volumen, y las expresiones del rostro?

Puntos de desafío

Deje que la oración de este sencillo versículo sea su oración hoy. Con toda intención analice su lenguaje corporal, la expresión de su rostro, el tono de voz y también las palabras que hable. Asegúrese de que todo lo que exprese revele el amor de Dios. Pida a una buena amiga que la evalúe con sinceridad. Al fin de su día, evalúe con sinceridad si sus palabras y pensamientos fueron agradables a Dios.

_____

_____

_____

_____

día 16
deberes del amor

Puntos de las Escrituras
«No deban nada a nadie, excepto el deber de amarse unos a otros. Si aman a su prójimo, cumplen con las exigencias de la ley de Dios» (Romanos 13:8, NTV).

Puntos para meditar
¿Notó que este versículo dice que amar a otros realmente es un *deber*? No es una sugerencia. Amar es la manera práctica de vivir en obediencia a Dios. Piense en las maneras en que amar a otros cumple las exigencias de la ley de Dios. Si usted ama a sus vecinos, no les robará, no mentirá acerca de ellos ni los herirá de forma alguna. Por el contrario, deseará lo mejor para ellos y hará lo que sea necesario para ayudarlos a experimentar ese amor.

Puntos de desafío

Dé gracias a Dios por las personas que la aman. Dedique un tiempo a reconocer ese amor y a retribuirlo de una manera especial. Podría:

- ♥ Sorprender a esas personas, brindándoles algún servicio;
- ♥ Cambiar su horario para dedicar un tiempo a ellos;
- ♥ Escribir una nota para agradecer sus muestras de amor;
- ♥ Invitarlas al restaurante o cafetería de su preferencia;
- ♥ Comprarles algo que usted sabe que disfrutarán.

_____

_____

_____

_____

día 17
el amor no se queja

Puntos de las Escrituras
«Hagan todo sin quejarse y sin discutir, para que nadie pueda criticarlos. Lleven una vida limpia e inocente como corresponde a hijos de Dios y brillen como luces radiantes en un mundo lleno de gente perversa y corrupta» (Filipenses 2:14,15, NTV).

Puntos para meditar
Para algunos de nosotros es normal que pasemos la vida *refunfuñando*. Si nos preguntan cómo nos va, es posible que tengamos la tentación de contar todos nuestros pesares. Aunque tratemos de no quejarnos, quizá nos sorprendamos describiendo cuán ocupados estamos, como si mereciéramos una medalla de honor por todo lo que hacemos. Tal vez esta sea la norma en nuestra sociedad, pero es importante recordar que las quejas y las discusiones son señal de egoísmo y falta de agradecimiento. ¿Notó la menra en que los versículos

de hoy describen a quienes no se quejan? Son como luces radiantes entre los perversos. Podemos revelar nuestro amor a Dios si nos despojamos de nuestro espíritu quejumbroso y contencioso.

- ♥ ¿Cómo puede usted caer en la trampa de la queja? ¿Cuándo se descubre usted siendo muy argumentativa?
- ♥ ¿Por qué las mujeres que hacen las cosas sin quejarse brillan como luces radiantes?

Puntos de desafío

Prepare un pequeño cartel con la frase: «Hago todo sin quejas, sin reclamos, ni lamentos». Cada vez que se queje o discuta, con un lápiz haga una marca su a cartel. Al finalizar del día revise cómo le fue. Tome la firme decisión de que mostrará su agradecimiento y amor a Dios cada vez que haga algo sin quejarse.

_____

_____

_____

_____

día 18
el amor vence las diferencias

Puntos de las Escrituras
«No sean egoístas; no traten de impresionar a nadie. Sean humildes, es decir, considerando a los demás como mejores que ustedes» (Filipenses 2:3, NTV).

Puntos para meditar
En el capítulo 2 de *El Amor Revelado*, Jodi habló acerca de las «diferencias» y cómo estas impiden nuestra habilidad para relacionarnos con otros. Si nos rodeamos de personas que son muy semejantes a nosotros, realmente inhibimos nuestro desarrollo porque nos centramos en nosotros mismos. Todos nos beneficiamos cuando conectamos con personas que no son como nosotros. Aunque nuestra preferencia sean las personas con quienes nos sentimos identificadas, es importante que aprendamos a convivir con quienes tienen más experiencia que noso-

tras. También nos enriqueceremos si interactuamos con personas mayores o más jóvenes que nosotras. Seremos más sensibles si nos relacionamos con personas que tienen necesidades especiales. Y podremos aportar a la vida de alguien si nos relacionamos con alguien que tiene menos experiencia que nosotras.

- ♥ ¿De qué manera la humildad nos ayuda a relacionarnos con quienes no son como nosotras?
- ♥ ¿Por qué nos sentimos incómodas cuando estamos con quienes no son como nosotras?

Puntos de desafío

Haga un inventario de las personas con quienes se relaciona. ¿Son la mayoría de su edad? ¿Tienen intereses y experiencias en común? Después de leer el anterior Punto para meditar, ¿reconoce que tal vez debe cultivar otras relaciones? ¿Hay alguien en su vida diaria que es muy diferente a usted? ¿Ha resistido relacionarse con ella? En cuanto pueda, haga algo para conocer mejor a esa persona. Ore específicamente por ella y piense cómo se relacionará con ella durante las próximas semanas.

día 19
amor: la regla de oro

Puntos de las Escrituras
Jesús dijo «Haz a los demás todo lo que quieras que te hagan a ti. Ésa es la esencia de todo lo que se enseña en la ley y en los profetas» (Mateo 7:12, NTV).

Puntos para meditar
¡Qué desafío! Tratar siempre a los demás como queremos que ellos nos traten. Casi siempre nuestra primera reacción en un encuentro negativo es carnal. Cuando alguien no es generoso con nosotros, queremos devolver el «favor». Tal vez justifiquemos nuestra respuesta, pensando: *reciban lo que merecen, de haber sido agradables conmigo, yo habría sido agradable con ellos.*

Sin embargo, Jesús nos desafía a tratar a los demás conforme al trato que quisiéramos recibir. ¿Alguna vez consideró que la manera en que tratamos a las personas habla con más elocuencia de nuestro carácter que la conducta de la otra persona? Cuando decimos: «Tanto me molestó lo que hizo, que no pude contener mi enojo», simplemente revelamos nuestra falta de dominio propio. Debemos ser responsables de nuestras reacciones y no culpar a los demás de nuestras actitudes y respuestas.

- ♥ ¿Cuándo está usted más propensa a dejar que la conducta de otros influye de manera negativa en su actitud?
- ♥ ¿Qué puede hacer usted para controlar mejor su conducta?

Puntos de desafío
Repita el versículo durante el día, y deje que el significado quede grabado en su corazón. Luego de cada encuentro piense en la otra persona más que en sí misma. Pregúntese: *si yo fuera ella, ¿cómo quisiera que me trataran en este momento?* Y entonces asegúrese de que su respuesta represente el bienestar de la otra persona. Al finalizar su día, repase las respuestas de las personas cuando las trata de la manera que usted misma quiere que otros la traten, con bondad, dignidad, interés, y respeto.

día 20
respuestas del amor

Puntos de las Escrituras
«No tomen venganza, hermanos míos, sino dejen el castigo en las manos de Dios, porque está escrito: "Mía es la venganza; yo pagaré", dice el Señor. Antes bien, "Si tu enemigo tiene hambre, dale de comer; si tiene sed, dale de beber. Actuando así, harás que se avergüence de su conducta." No te dejes vencer por el mal; al contrario, vence el mal con el bien» (Romanos 12:19–21).

Puntos para meditar
Todos nos hemos sentido ofendidos alguna vez. Nuestra tendencia natural hacia quienes nos han ofendido es la venganza. Pero la venganza nos ata a la ofensa y nos atormenta. Cuando buscamos maneras de desquitarnos, simplemente fomentamos sentimientos de amargura. Estos sentimientos negativos no arreglan las faltas ni cambian al que ofende, pero sí nos pueden destruir. La represalia siempre crea un ciclo negativo en las relaciones:

desafío el amor revelado

tú me heriste, yo te hiero, tú me heriste... Tal vez creemos que mejor es borrar de nuestra vida a los enemigos. Sin embargo, este pasaje nos anima a ir más allá, nos dice que los bendigamos. Al bendecirlos, nos libramos de la ofensa.

- ♥ ¿Por qué bendecir al enemigo revela el amor de Cristo?
- ♥ ¿Por qué bendecir al enemigo nos libera de patrones destructivos?

Puntos de desafío
La siguiente lista sugiere algunas maneras de bendecir a quienes le han ofendido.

- ♥ No comente con otros las ofensas que ha recibido. Hablar de esto muestra las faltas de la persona y desmerece su carácter. Recuerde que debemos amar a nuestros enemigos (1 Pedro 4:8).
- ♥ Ore por ellos (Mateo 5:44).
- ♥ Procure estar en en paz con ellos (Romanos 12:18).
- ♥ Perdónelos (Mateo 6:14,15).

día 21
el amor escucha

Puntos de las Escrituras

«Mis amados hermanos, quiero que entiendan lo siguiente: todos ustedes deben ser rápidos para escuchar, lentos para hablar y lentos para enojarse» (Santiago 1:19, NTV).

Puntos para meditar

La mayoría de las veces nuestra inclinación natural es ser lentos para escuchar, rápidos para hablar, y rápidos para irritarnos. Pero 1 Corintios 13:4–7 nos dice que: «El amor es paciente y bondadoso. El amor no es celoso ni fanfarrón ni orgulloso ni ofensivo. No exige que las cosas se hagan a su manera. No se irrita ni lleva un registro de las ofensas recibidas. No se alegra de la injusticia sino que se alegra cuando la verdad triunfa. El amor nunca se da por vencido, jamás pierde la fe, siempre tiene esperanzas y se mantiene firme en toda circunstancia» (NTV). Si amamos sinceramente, responderemos con paciencia y bondad, seremos más prontos para escuchar, y más lentos para hablar y para irritarnos.

- ♥ Piense cómo sus conversaciones revelan lo que hay en su corazón.
- ♥ ¿De qué manera expresamos amor a alguien al ser más propicios a escuchar? ¿Más lentos para hablar? ¿Más lentos para irritarnos?

Puntos de desafío

Hoy mismo decida que dejara que el Espíritu Santo hable a través de usted. Cuando note que su carnalidad está presta a responder, cierre la boca. Quédese en silencio hasta que el Espíritu Santo hable palabras de amor a través de usted. Recuerde que el amor no es orgulloso ni se irrita fácilmente. Al finalizar del día, escriba lo que revelaron sus res-puestas o reacciones acerca de su amor por otros.

_____

_____

_____

_____

día 22
amor lleno de gracia

Puntos de las Escrituras
«Vivan sabiamente entre los que no creen en Cristo y aprovechen al máximo cada oportunidad. Que sus conversaciones sean cordiales y agradables, a fin de que ustedes tengan la respuesta adecuada para cada persona» (Colosenses 4:5,6, NTV).

Puntos para meditar
Conforme crecemos en nuestra relación con Cristo, nuestro carácter se asemejará más al suyo. Es importante que la gente vea su presencia en nuestras respuestas. Estos versículos nos dicen que nuestra conversación con quienes no siguen al Señor deben ser cordial y agradable. Si ellos ven en nosotros amor, bondad, paz, gozo, propósito, y alegría, se sentirán atraídos al Cristo que está *en* nosotros.

desafío el amor revelado

- ♥ ¿Alguna vez conoció a alguien y supo que era «religioso», pero al igual que los fariseos, era duro y crítico?
- ♥ ¿Alguna vez conoció a alguien y a los pocos minutos supo que era un verdadero seguidor de Cristo? ¿Qué características revelaron esta verdad?

Puntos de desafío

En un papel, escriba: «Que tu conversación sea cordial y agradable». Si tiene un teléfono móvil con cámara, tome una fotografía del versículo y póngala de fondo en su teléfono. En cada encuentro hoy, asegúrese de que sus respuestas sean una representación exacta de la bondad y el amor de Cristo. Pida al Señor que le muestre a alguien a quien usted le pueda revelar el amor de Dios de una manera continua. Hágase el propósito de «aprovechar al máximo cada oportunidad» que Él le conceda de interactuar con esa persona.

día 23
amor que se regocija

Puntos de las Escrituras
«Pues el Señor tu Dios vive en medio de ti. Él es un poderoso salvador. Se deleitará en ti con alegría. Con su amor calmará todos tus temores. Se gozará por ti con cantos de alegría» (Sofonías 3:17, NTV).

Puntos para meditar
Piense en las risitas y en los aplausos de los padres y abuelos cuando el bebé gatea hacia ellos por primera vez. ¡Es hora de un absoluto regocijo y deleite! Sofonías 3:17 se escribió para aquellos que corren hacia Dios y confían en Él (lea también Sofonías 3:12). Él nos ama de tal manera que en efecto celebra esos momentos cuando le buscamos de corazón. Durante unos momentos solo considere lo que significa para Dios deleitarse en usted y gozarse con cantos de alegría.

- ♥ ¿Cómo se siente al pensar que Dios se deleita en usted y se goza por usted con cantos de alegría?
- ♥ ¿De qué manera su amor calma todos sus temores?

Puntos de desafío

Vuelva a leer Sofonías 3:17 y escriba en un papel la porción de los versículos que sea más significativa para usted y ponga el papel donde lo pueda ver todo el día. Esfuércese en cada situación por buscar y confiar hoy en Él con la fe de un niño. Considere cómo hoy Él podría regocijarse por usted. Léale este versículo a aquellos que usted ama.

día 24
el amor honra

Puntos de las Escrituras
«El amor debe ser sincero. Aborrezcan el mal; aférrense al bien. Ámense los unos a los otros con amor fraternal, respetándose y honrándose mutuamente» (Romanos 12:9–10).

Puntos para meditar
Vivimos días en que el halago y la falta de respeto se demuestran a nuestro alrededor: *Una empleada halaga a su jefe, con la esperanza de obtener un aumento. Una estudiante degrada a su compañera, tratando de aumentar su autoestima.* Pero si nuestro amor es sincero, pensamos menos en nosotros y realmente queremos lo que es mejor para otros. El afecto y honor genuinos fluyen de ese tipo de amor sincero.

- ♥ ¿Cómo ha visto en acción el afecto sincero?
- ♥ ¿Cuáles son algunas maneras en que podemos demostrar honor?

Puntos de desafío

Pida al Señor una idea creativa para demostrar un afecto genuino por una persona en su familia. Luego aparte un tiempo hoy para mostrarle su amor; tenga presente la manera en que él o ella recibe mejor el amor. Considere en oración cómo puede usted *deleitarse* al honrar a cada miembro de su familia cercana durante las próximas semanas, escriba un plan de acción para hacerlo.

día 25
el primer mandamiento del amor

Puntos de las Escrituras
«Amarás al Señor tu Dios con todo tu corazón, con toda tu alma, con toda tu mente y con todas tus fuerzas» (Marcos 12:30, NTV).

Puntos para meditar
La primera vez que vemos el mandamiento de amar a Dios con todo el corazón, la mente, y las fuerzas es en Deuteronomio 6:5. El plan de Dios siempre ha sido que nosotros tengamos una buena relación con Él. Cuando le preguntaron a Jesús cuál era el más grande mandamiento, Él respondió con estas mismas palabras: ¡amar a Dios! Fuimos creados para tener una vital relación con Dios, para conocerle realmente, andar con Él siempre, y amarlo por sobre todas las cosas y las personas.

desafío el amor revelado

♥ ¿Cómo describiría usted amar a Dios con todo su corazón? ¿Con toda su alma? ¿Con toda su mente? ¿Con todas sus fuerzas?

Puntos de desafío

Debido a que todos somos únicos, nuestra relación personal con Dios se verá diferente de otras. Escriba en un papel «Amar a Dios es mi gran responsabilidad», y póngalo en su espejo o en la puerta del refrigerador. Considere qué significa que usted, personalmente, ame a Dios según describe Marcos 12:30. Escriba una carta a Dios revelando su compromiso de amarle más cada día.

_____
_____
_____
_____
_____
_____

día 26
el amor ayuda

Puntos de las Escrituras
«Estén listos para ayudar a los hijos de Dios cuando pasen necesidad. Estén siempre dispuestos a brindar hospitalidad» (Romanos 12:13a, NTV).

Puntos para meditar
Todos experimentamos momentos de necesidad, las cosas se rompen, nos enfermamos, perdemos trabajos, nos accidentamos, sufrimos por el deterioro de las relaciones. También vivimos tiempos en que hay desastres naturales en todas partes. Cuando vienen los problemas, en un instante la vida de una persona puede cambiar radicalmente. En esos momentos de necesidad, debemos estar preparados para ayudar. Debemos dejar que la bondad de Dios fluya a través de nuestra vida de modo que claramente muestre su amor.

♥ Describa un experiencia en que haya visto el amor de Dios revelado a través de personas que satisfacen las necesidades de quienes les rodean.

Puntos de desafío

Considere en oración cómo puede usted satisfacer una necesidad práctica de alguna persona. Por lo menos dé un paso para hoy mismo satisfacer esa necesidad. Podría apoyar o ser voluntaria de alguna organización de ayuda, como Convoy of Hope [Convoy de la Esperanza]. O preguntar en su iglesia si es posible contribuir a algún fondo de ayuda a las personas que no tienen suficiente para satisfacer sus necesidades diarias.

día 27
el amor busca

Puntos de las Escrituras

«En ti confían los que conocen tu nombre, porque tú, Señor, jamás abandonas a los que te buscan» (Salmo 9:10).

Puntos para meditar

La palabra buscar encierra la idea de hacer algo para hallar a alguien o algo. Es obvio que Dios quiere que le conozcamos porque Él hace promesas maravillosas a quienes le buscan. Una de las mejores maneras de encontrar a Dios es dar prioridad al tiempo que pasamos a solas con Él todos los días, leyendo su Palabra y hablando con Él. Si nos enfocamos específicamente en Él, podremos continuar en su presencia al ocuparnos de los asuntos del día.

♥   ¿De qué manera el tiempo a solas en la presencia de Dios la ha ayudado a confiar más en Él?

desafío el amor revelado

Puntos de desafío

Lea los siguientes versículos y escriba las promesas que Dios hace a quienes le buscan:

- ♥ Deuteronomio 4:29
- ♥ I Crónicas 28:9
- ♥ 2 Crónicas 7:14
- ♥ Salmo 34:10
- ♥ Jeremías 29:13
- ♥ Mateo 7:7,8
- ♥ Hebreos 11:6

Haga un nuevo compromiso de pasar tiempo a solas con Dios todos los días.

_____

_____

_____

_____

_____

_____

_____

día 28
el amor sirve

Puntos de las Escrituras

«Después de lavarles los pies, se puso otra vez el manto, se sentó y preguntó: "¿Entienden lo que acabo de hacer? Ustedes me llaman 'Maestro' y 'Señor' y tienen razón, porque es lo que soy. Y, dado que yo, su Señor y Maestro, les he lavado los pies, ustedes deben lavarse los pies unos a otros. Les di mi ejemplo para que lo sigan. Hagan lo mismo que yo he hecho con ustedes"» (Juan 13:12–15, NTV).

Puntos para meditar

La historia de Jesús lavando los pies de sus amigos más cercanos comienza en Juan 13:1: «Jesús sabía que había llegado su momento para dejar este mundo y regresar a su Padre. Había amado a sus discípulos durante el ministerio que realizó en la tierra y ahora los amó hasta el final». Después

desafío el amor revelado

de lavarles los pies, Él los instó a que se amaran unos a otros de esa misma manera. Prometió que si obedecían, Dios los bendeciría.

Piense qué representó para Jesús, el Hijo de Dios, lavar los pies de doce hombres. Recuerde que ellos iban a todas partes por caminos de tierra, ¡24 pies empolvados y 240 dedos sucios de sudor y polvo! ¿Puede imaginar un acto de servicio más humilde?

- ♥ ¿Qué habrá querido enseñar Jesús a sus discípulo acerca del amor?
- ♥ ¿Qué habrá querido Él que usted entienda de esta historia?

Puntos de desafío

Lea Juan 13:1-17. Considere el alcance de su amor, al quitarse Él el manto, amarrarse una toalla a la cintura, se arrodilló, y tomó en sus manos aquellos pies. Haga una tarea humilde el día de hoy, quizá algo que nadie quiera hacer. Hágalo con un gran amor por Aquel que lavó los pies de sus amigos más cercanos.

día 29
amor obediente

Puntos de las Escrituras
«Pero los que obedecen la palabra de Dios demuestran verdaderamente cuánto lo aman. Así es como sabemos que vivimos en él» (1 Juan 2:5, NTV).

Puntos para meditar
Nuestro amor por Dios se ve con más claridad en nuestra conducta, la obediencia fluye con naturalidad de aquellos que lo aman profundamente. *¿Pero cómo podemos profundizar nuestro amor por Dios?* Una de las mejores maneras es pasar más tiempo con Él. El Señor está siempre con nosotros, pero no estamos conscientes de su presencia. Podemos pasar todo el día sin pensar en Él, así que debemos proponernos vivir cada momento reconociendo su presencia. Así estaremos en constante comunión con Él a través del día. El Hermano Lorenzo lo llamaba una «conversación secreta del alma». Podemos darle gracias por su bondad, pedirle ayuda o simplemente disfrutar su compañía. Esta

cercanía con Dios guiará nuestros pensamientos, palabras y acciones, y nos ayudará a vivir de una manera que le complazca.

- ♥ ¿Cómo puede usted hoy estar más consciente de la presencia de Dios?
- ♥ ¿De qué manera esta conciencia de la presencia de Dios nos ayuda a obedecerle?

Puntos de desafío

Esfuércese en estar consciente de Él en cada pensamiento, actitud, palabra y acción. Escriba «El amor obedece» en un papelito y póngalo en la pantalla de su computador para verlo todo el día. Éste le recordará que la obediencia revela el amor que usted siente por Dios. Al fin del día, considere qué influencia tuvo en sus decisiones y reacciones la conciencia de la presencia de Dios.

_____

_____

_____

_____

día 30
el amor no condena

Puntos de las Escrituras

«Así que dejemos de juzgarnos unos a otros. Por el contrario, propónganse vivir de tal manera que no causen tropiezo ni caída a otro creyente» (Romanos 14:13, NTV).

Puntos para meditar

Romanos 14 comienza animándonos: «Acepten a los creyentes que son débiles en la fe y no discutan acerca de lo que ellos consideran bueno o malo». El versículo 13 nos desafía a enfocarnos en vivir nuestra vida, en vez de condenar a otros.

Desperdiciamos tiempo y energía al juzgar a las personas porque nunca podremos cambiar la conducta de ellos. Las únicas acciones que podemos controlar son las nuestras. La Biblia BLA traduce este pasaje de esta manera: «Ya no debemos criticarnos unos a otros». Debemos ocuparnos en lo siguiente: no interponernos en el camino de otra persona para hacer que su vida sea más difícil de lo que ya es. Esto es amor con madurez, preocuparnos de cómo nuestras respuestas afectan a otros.

♥ ¿Por qué estamos tentados a juzgar la conducta de otros?

Puntos de desafío

Cada vez que hoy usted sienta la tentación de juzgar a alguien, ponga atención a la luz que se enciende en su interior. Asegúrese de que no haya nada en su vida que haga tropezar a otra persona. Decida hoy que vivirá libre de un pensamiento crítico y censurador. Determine mostrar el amor de Dios en cada cosa que haga.

día 31
el amor obra

Puntos de las Escrituras
«Trabajen de buena gana en todo lo que hagan, como si fuera para el Señor y no para la gente» (Colosenses 3:23, NTV).

Puntos para meditar
¿Ha meditado en este pasaje? Dice que *cualquier* cosa que hagamos debe ser como para el Señor. Esto significa que podemos lavar platos, podar la hierba, escribir un artículo, o usar dinero para Él. Si recordamos que estamos trabajando para *Él*, seremos más diligentes y nos esforzaremos por alcanzar excelencia en todo lo que hagamos.

Considere lo que representaría que Jesús estuviera físicamente en su hogar y lugar de trabajo. ¿Cómo sería preparar una cena para Él o tender su cama?

♥ ¿Cómo completaría cada trabajo si hoy Él estuviera de pie al lado suyo?

- ¿Cómo influiría la presencia de Jesús en su actitud, su conducta, y sus palabras?

Puntos de desafío

Use uno de sus talentos para expresar hoy su amor a Dios. Sea usted repostera, artista, escritora, ama de casa, maestra, médico o músico, haga algo puramente por amor a Dios. Escriba «Todo para Él» en su calendario electrónico, y programe alarmas que se lo recuerden durante el día. Al hacer su trabajo, piense que el Señor la está mirando.

día 32
vestida de amor

Puntos de las Escrituras
«Por lo tanto, como escogidos de Dios, santos y amados, revístanse de afecto entrañable y de bondad, humildad, amabilidad y paciencia, de modo que se toleren unos a otros y se perdonen si alguno tiene queja contra otro. Así como el Señor los perdonó, perdonen también ustedes. Por encima de todo, vístanse de amor, que es el vínculo perfecto» (Colosenses 3:12–14).

Puntos para meditar
Cada día está marcado por algún problema: la alarma no suena, los hijos hicieron un reguero, o el tráfico de la mañana estuvo muy lento. Aunque los problemas son inevitables, la respuesta a ellos depende de nosotros. Podemos permitir que la carne sea la primera en responder, o que el amor de Dios fluya a través de nosotros. Este pasaje nos desafía a *escoger* la compasión, la bondad, la humildad, la paciencia y la disciplina. Cada una

de estas son respuestas que muestran una buena actitud. Podemos mostrar compasión en vez de indiferencia, bondad en vez de brusquedad, paciencia en vez de aspereza, y disciplina en vez de contrariedad.

♥ ¿Cuáles son algunas maneras prácticas en que usted puede «vestirse de amor» cuando vienen los problemas?

Puntos de desafío

Al vestirse hoy, repita las palabras de Colosenses: Hoy decidiré vestirme de compasión, bondad, humildad, amabilidad, y disciplina. Durante el día piense en su vestimenta espiritual. Recuerde que usted es una elegida de Dios para esta nueva vida de amor, deje que ese amor fluya a través de su respuesta. Al finalizar el día, pregúntese si su conducta reveló el amor de Dios.

_____

_____

_____

día 33
piense en amor

Puntos de las Escrituras
«Por último, hermanos, consideren bien todo lo verdadero, todo lo respetable, todo lo justo, todo lo puro, todo lo amable, todo lo digno de admiración, en fin, todo lo que sea excelente o merezca elogio» (Filipenses 4:8).

Puntos para meditar
¡Nuestros pensamientos son importantes! Lo que dejemos que ocupe nuestro pensamiento se expresará en nuestra actitud y después en nuestra conducta. Pero la verdad liberadora es que nosotros elegimos en qué pensar.

Cuando decidamos meditar en la verdad y en el amor de Dios, podremos vivir de una manera que a Él le complazca. En Filipenses 4:8, el apóstol Pablo presenta una larga lista de cosas que nosotros podemos escoger para que llenen nuestro pensamiento: lo verdadero, lo honesto, lo puro, y lo bello. Podemos de manera intencionada meditar en las bendiciones que Dios nos ha dispensado, y también de manera intencionada, alejarnos de pensamientos de desánimo.

♥ Describa de qué manera lo que pensamos afecta nuestra actitud y conducta de manera positiva o negativa.

Puntos de desafío

Viva hoy consciente de sus pensamientos. Recuerde, usted puede escoger en qué pensará. Cuando tenga pensamientos negativos, busque un pasaje bíblico para alinear sus pensamientos con la Palabra. Dedique un tiempo para escribir en un diario cómo estos versículos corrigen sus pensamientos.

_____

_____

_____

_____

_____

_____

día 34
el amor defiende

Puntos de las Escrituras
«La religión pura y verdadera a los ojos de Dios Padre consiste en ocuparse de los huérfanos y de las viudas en sus aflicciones, y no dejar que el mundo te corrompa» (Santiago 1:27, NTV).

Puntos para meditar
La mayoría de nosotras vivirá momentos de soledad o vulnerabilidad. Las Escrituras nos desafían a cuidarnos unos a otros en esos tiempos de debilidad. Salmos 82:3 nos dice: «Defiendan la causa del huérfano y del desvalido; al pobre y al oprimido háganles justicia». Esta es una de las maneras más claras en que el amor de Dios se revela al mundo, cuando sus hijos cuidan de quienes están en peligro o marginados.

♥   Describa la evidencia del amor de Dios en el cuidado del indefenso.

Puntos de desafío

Lea Isaías 58:6-11 y considere el desafío y las promesas de este pasaje. Luego identifique a algún conocido que actualmente esté pasando por una etapa de vulnerabilidad. Puede ser una tía anciana que vive sola o un niño cuyos padres han tomado malas decisiones en la vida. Pregunte al Señor cómo puede usted cuidar de ella o de él en las próximas semanas y hoy dé un paso a la acción.

_____

_____

_____

_____

_____

_____

_____

_____

_____

día 35
provisión del amor

Puntos de las Escrituras
«El Señor es mi pastor; tengo todo lo que necesito. En verdes prados me deja descansar; me conduce junto a arroyos tranquilos. Él renueva mis fuerzas. Me guía por sendas correctas, y así da honra a su nombre. Aun cuando yo pase por el valle más oscuro, no temeré, porque tú estás a mi lado. Tu vara y tu cayado me protegen y me confortan» (Salmo 23:1–4, NTV).

Puntos para meditar
Este pasaje describe algunas maneras en que Dios nos muestra su amor: Él satisface nuestras necesidades, nos da descanso, nos dirige, nos restaura, nos renueva, nos guía, permanece cerca, nos protege y nos consuela. ¡Qué hermosa revelación de su gran amor! Vuelva a leer el Salmo 23 (si puede, use otras versiones) y medite en cada verso.

desafío el amor revelado

♥ Piense en todas las maneras en que Dios nos cuida.

Puntos de desafío

Identifique una necesidad en su vida. Tal vez necesite dirección, provisión, o consuelo. Use las versiones de la Biblia en biblegateway.com o una concordancia para buscar versículos acerca de las maneras en que Dios quiere satisfacer su necesidad específica. Escriba el versículo que hable con mayor claridad respecto a su situación. Durante el día mantenga su mente en la verdad de este versículo, y deje que la paz de Dios llene su corazón (Isaías 26:3).

_____

_____

_____

_____

_____

_____

_____

día 36
el amor que cubre

Puntos de las Escrituras

«Sobre todo, ámense los unos a los otros profundamente, porque el amor cubre multitud de pecados» (I Pedro 4:8).

Puntos para meditar

El amor protege, ¡no avergüenza! En momentos de frustración tal vez nos sintamos tentados a hablar a otros acerca de las faltas o errores de la gente que amamos. Y a veces hasta usamos las debilidades de otros para divertirnos. Nos burlamos de quien no sabe cambiar un bombillo o de nuestra hermana que no deja de hablar. Por eso, uno de los grandes regalos que podemos dar a quienes amamos es la seguridad de que nunca hablaremos de ellos de manera negativa. Si ellos pueden confiar que sus debilidades, errores y faltas no saldrán a la luz de nuestros labios, se sentirán amados, ¡porque el amor cubre las faltas!

- Todos nos hemos sentido avergonzados por palabras pocos cuidadosas de alguien cercano. Piense cómo se sentiría usted, si esto le sucediera.
- Es de esperar que el amor de alguien nos haya «cubierto». Piense cómo se ha sentido usted en uno de esos momentos.

Puntos de desafío

Identifique a alguien que le haya mostrado su amor «cubriendo sus pecados». Escríbale una nota de agradecimiento. Luego identifique a alguien que tal vez necesite esta clase de amor y piense qué puede hacer usted para mostrarlo.

_____

_____

_____

_____

_____

_____

día 37
el amor se regocija

Puntos de las Escrituras
«Alégrense siempre en el Señor. Insisto: ¡Alégrense!» (Filipenses 4:4,).

Puntos para meditar
Tal vez nos preguntemos, *¿Realmente Dios puede controlar una emoción? ¿Tenemos nosotros control de la cantidad de gozo que experimentamos?* Isaías 55 nos ayuda a entender la idea de experimentar el gozo. Los versículos 1–3 nos prometen que si oímos la Palabra de Dios experimentaremos su amor y podremos saciar la sed de nuestra alma. Este capítulo también nos desafía a buscar al Señor, pedir perdón de nuestros pecados, y confiar en los caminos de Dios, aunque no entendamos lo que esté sucediendo en nuestra vida. Después, Isaías revela una promesa para quienes buscan al Señor: «Ustedes saldrán con alegría y serán guiados en paz» (Isaías 55:12).

desafío el amor revelado

- Considere por qué el perdón y el fiel amor de Dios producen satisfacción y gozo.
- ¿Por qué su decisión de «regocijarse» revela su amor a Dios?

Puntos de desafío

Lea Isaías 55 y considere cómo se satisface el alma que tiene sed y hambre de gozo. Luego identifique las relaciones o circunstancias que no le producen gozo. Pida a Dios que la ayude a descubrir su amor en cada una de estas situaciones.

día 38
el amor no es "yo primero"

Puntos de las Escrituras
«El amor es paciente, es bondadoso. El amor no es envidioso ni jactancioso ni orgulloso. No se comporta con rudeza, no es egoísta, no se enoja fácilmente, no guarda rencor. El amor no se deleita en la maldad sino que se regocija con la verdad. Todo lo disculpa, todo lo cree, todo lo espera, todo lo soporta» (1 Corintios 13:4–7).

Puntos para meditar
Cuando usamos nuestras normas o las ideas de nuestra sociedad, quizá pensemos que somos personas cariñosas. Pero este pasaje define con claridad la manera en que Dios quiere que amemos, no enfocados en nosotros mismos, sino sinceramente esperando lo mejor para los demás. El amor es mucho más que un sentimiento cálido y suave. Es el deseo de ver lo bueno que Dios ha puesto

en la vida de alguien y querer hacer lo necesario para que esa persona experimente algo bueno. Lea 1 Corintios 13 en su versión favorita de la Biblia. Medite cuidadosamente en cada declaración acerca del amor.

♥ ¿De qué manera esta descripción del amor refleja el amor de Dios por nosotros?

Puntos de desafío

Lea 1 Corintios 13:4–7 y reemplace con su nombre la palabra *amor* (por ejemplo, «María no guarda rencor, María se regocija con la verdad…») Mientras lee estas declaraciones en voz alta, evalúese y reconozca aquellas áreas que dificultan su deber de amar. Luego pida a Dios que la ayude a amar conforme a las normas que se establecen en 1 Corintios 13.

_____

_____

_____

_____

día 39
el amor ora

Puntos de las Escrituras

«No se inquieten por nada; más bien, en toda ocasión, con oración y ruego, presenten sus peticiones a Dios y denle gracias. Y la paz de Dios, que sobrepasa todo entendimiento, cuidará sus corazones y sus pensamientos en Cristo Jesús» (Filipenses 4:6,7).

Puntos para meditar

La preocupación es un simple ensayo mental acerca de los posibles resultados negativos de las dificultades que encaramos. *Todos* tenemos algo que podría preocuparnos. Pero aunque dediquemos tiempo y energía emocional, la preocupación nada resolverá. Solo produce ansiedad, la cual nos podría enfermar físicamente, otra razón de preocuparnos. ¡Un círculo vicioso! Felizmente, este versículo no solo dice que no nos preocupemos, sino que además nos instruye para que vivamos en el amor de Dios y experimentemos su paz.

♥ La preocupación es la respuesta natural ante un problema. Según Filipenses 4:6,7, ¿cómo podemos convertir respuesta natural en una oración vivificante?

Puntos de desafío

Ante el primer indicio de preocupación, recuerde que es mejor orar. Hoy dedique un tiempo a orar por las necesidades que hay en su vida. Luego enumere diez maneras en que Dios le ha mostrado su amor y ha bendecido su vida en otro tiempo. Dé gracias por cada bendición. Conforme recuerde lo que Dios ya ha hecho, deje que esos recuerdos fortalezcan su fe. Pida que la paz de Dios inunde su corazón y proteja su mente de la ansiedad.

_____

_____

_____

_____

_____

_____

día 40
amor sencillo

Puntos de las Escrituras
«Hagan todo con amor» (I Corintios 16:14).

Puntos para meditar
Realmente no puede ser más sencillo que esto, *hagan todo con amor*. Aunque estas cuatro palabras parecen tan básicas, resumen cada mandamiento del Nuevo Testamento. Si viviéramos conforme a estos versículos, nuestra vida cambiaría por completo; así que pensemos en cada una de sus palabras. «Hagan» implica que en nuestra vida hay tareas que acabar; «todo» abarca cada tarea de lo trivial a lo monumental; y «con amor» revela la motivación que hay tras cada tarea, no importa cuán grande o pequeña sea.

Recuerde, las pequeñas decisiones son las que revelan nuestra fidelidad y la posibilidad de que Dios nos confíe mayores responsabilidades. Cuando nuestro amor a Dios y a los demás motiva cada cosa que hacemos, hasta las tareas más sencillas se convierten en adoración y las cosas triviales de la vida cobran un nuevo significado.

♥ ¿De qué manera cambia como vemos nuestras tareas diarias al hacerlas con amor?

Puntos de desafío

Identifique tres tareas diarias, aparentemente triviales, como lavar los platos, llevar los niños a la escuela, cocinar. Conforme cumpla sus deberes del día, enfoque su pensamiento en el amor a Dios y a las personas a quienes usted sirve. Al finalizar el día, describa su expriencia al hacer su trabajo «con amor».

_____

_____

_____

_____

_____

_____

día 41
el amor no duda

Puntos de las Escrituras
«Ningún poder en las alturas ni en las profundidades, de hecho, nada en toda la creación podrá jamás separarnos del amor de Dios, que está revelado en Cristo Jesús nuestro Señor» (Romanos 8:39, NTV).

Puntos para meditar
Cuando hemos pasado por circunstancias difíciles, tal vez nos hemos preguntado dónde está Dios y posiblemente hemos dudado de su amor. A veces dejamos que nuestras heridas, desilusiones y confusiones nos impidan pasar tiempo con Él. Pero cuando hacemos eso, nos privamos de confiar en su inagotable amor. En vez de huir de Dios, debemos correr a Él con cada duda y preocupación. Aunque quizá no responda a cada pregunta, si confiamos, Él nos revelará su inefable amor por nosotros cuando más lo necesitemos.

- ¿De qué manera la duda ha afectado su relación con Dios?
- ¿Cuándo ha dudado del amor de Dios?

Puntos de desafío

Si hoy está en una circunstancia en que ha visto el amor de Dios, identifique un canto o una salmo acerca del amor de Dios que la haya impresionado. Luego cántelo o recítelo al Señor durante el día. Si está pasando un tiempo en que ha dudado de su amor, sinceramente reconozca si ha huído *de* Él o si ha corrido *hacia* Él. Hoy mismo dé el primer paso hacia ese amor que está siempre presente. Dígale exactamente cómo se siente. (No se preocupe, Él lo puede soportar, y de todas maneras, ya lo sabe.) Dígale que a pesar de las dudas, usted quiere ver su amor.

_____

_____

_____

_____

_____

día 42
el amor habla

Puntos de las Escrituras
«No empleen un lenguaje grosero ni ofensivo. Que todo lo que digan sea bueno y útil, a fin de que sus palabras resulten de estímulo para quienes las oigan. No entristezcan al Espíritu Santo de Dios con la forma en que viven. Recuerden que él los identificó como suyos, y así les ha garantizado que serán salvos el día de la redención. Líbrense de toda amargura, furia, enojo, palabras ásperas, calumnias y toda clase de mala conducta. Por el contrario, sean amables unos con otros, sean de buen corazón, y perdónense unos a otros, tal como Dios los ha perdonado a ustedes por medio de Cristo» (Efesios 4:29–32, NTV).

Puntos para meditar
Las palabras tienen mucho peso. Algunos piensan que las palabras no hieren, pero esto no es cierto, ¡las palabras sí pueden herir! Algunas de nuestras más profundas heridas no son físicas sino emo-

cionales porque hemos sido víctimas de agresión verbal.

Después de haber entendido el efecto de las palabras hirientes, alguien dijo: «Si usted no tiene algo amable que decir, sería mejor que callara». Las palabras amables y compasivas el potencial de animar y edificar a las personas.

- ♥ ¿Por qué las palabras amables y compasivas revelan nuestro amor por otros?
- ♥ Piense en algún momento en que las palabras de alguien contribuyeron a su sanidad.

Puntos de desafío
Hoy, vigile las palabras que diga. Asegúrese de que bendigan a quienes las escuchen. Si está en un conflicto, use hoy palabras para dar el primer paso a la sanidad de la relación.

---

día 43
la profundidad del amor

Puntos de las Escrituras

«Pido en oración que, de sus gloriosos e inagotables recursos, los fortalezca con poder en el ser interior por medio de su Espíritu. Entonces Cristo habitará en el corazón de ustedes a medida que confíen en él. Echarán raíces profundas en el amor de Dios, y ellas los mantendrán fuertes. Espero que puedan comprender, como corresponde a todo el pueblo de Dios, cuán ancho, cuán largo, cuán alto y cuán profundo es su amor. Es mi deseo que experimenten el amor de Cristo, aun cuando es demasiado grande para comprenderlo todo. Entonces serán completos con toda la plenitud de la vida y el poder que proviene de Dios» (Efesios 3:16–19, NTV).

Puntos para meditar

En este pasaje, Pablo ora que los creyentes de Éfeso realmente vivan en el amor de Dios. La BLA traduce la última mitad de este pasaje: «Así ustedes podrán comprender, juntos con todos los que formamos el pueblo de Dios, el amor de Cristo en toda su plenitud. Le pido a Dios que ustedes puedan conocer ese amor, que es más grande de lo que podemos entender, para que reciban todo lo que Dios tiene para darles».

- ♥ ¿Cómo estos versículos la invitan a responder a ese amor de Dios?
- ♥ Trate de describir la vida plena que está disponible para aquellos que experimenten este tipo de amor.

Puntos de desafío

Dedique un tiempo a considerar la grandeza del amor de Dios. Debajo, describa algunas de las diversas maneras en que Dios le ha revelado su amor. Comente estos pensamientos con una amiga cercana.

_____

_____

_____

día 44
el lugar del amor

Puntos de las Escrituras
«Él hace que todo el cuerpo encaje perfectamente. Y cada parte, al cumplir con su función específica, ayuda a que las demás se desarrollen, y entonces todo el cuerpo crece y está santo y lleno de amor» (Efesios 4:16, NTV).

Puntos para meditar
Romanos 12 nos dice que a cada creyente se le ha dado un don específico para servir a otros en la iglesia. Algunos de estos dones son servir, enseñar, animar, dar, guiar y mostrar misericordia. Todos estos dones son igualmente importantes. Efesios 4:16 nos ayuda a entender que la contribución de cada persona es importante para la salud general y el crecimiento de la iglesia. Deje que el desafío de 1 Corintios 15:58 la anime: «Por lo tanto, mis queridos hermanos, manténganse firmes e inconmovibles, progresando siempre en la obra del

Señor, conscientes de que su trabajo en el Señor no es en vano».

♥ ¿Qué don tiene usted que puede bendecir a su iglesia local?

Puntos de desafío
Pregunte a un líder de su iglesia dónde puede servir usted con sus dones. Si ya está sirviendo, hágase el nuevo propósito de dejar que el amor de Dios se vea con más claridad en su servicio.

día 45
el amor revelado

Puntos de las Escrituras
«Esto es lo que pido en oración: que el amor de ustedes abunde cada vez más en conocimiento y en buen juicio, para que disciernan lo que es mejor, y sean puros e irreprochables para el día de Cristo, llenos del fruto de justicia que se produce por medio de Jesucristo, para gloria y alabanza de Dios» (Filipenses 1:9–11).

Puntos para meditar
Conforme se profundiza el amor a Dios, también se desarrolla nuestro amor y anhelo por su Palabra. Y nuestro amor por Dios crece al cultivar la disci-plina de leer la Biblia. ¡Es un ciclo vivificante!

Es importante que entendamos que Dios quiere hablar a nuestra vida, y la manera principal en que lo hace es a través de la Biblia. Él nos consuela, nos da comprensión, cambia nuestros puntos de vista y dirige nuestras decisiones cuando dedicamos

desafío el amor revelado

tiempo a leer su Palabra escrita. Él, literalmente, transforma nuestra vida con su Palabra.

♥ ¿De qué manera la disciplina de leer la Biblia revela su amor por Dios?

Puntos de desafío

Lea el Salmos 119:9–16, y conteste esta pregunta: ¿Qué enseña este Salmo acerca de la Palabra de Dios? Hoy mismo lea todo el Salmo 119 con el fin de descubrir los beneficios de leer la Palabra y meditar en ella. Procure, a partir de este día, leer la Biblia todos los días y modifique su horario para apartar el tiempo que sea necesario. Aunque al principio parezca difícil, siga adelante. ¡No se arrepentirá!

_____

_____

_____

_____

_____

_____